AF586622

LES

ÉCOLES PRIMAIRES PROTESTANTES

AVANT LA RÉVOCATION DE L'ÉDIT DE NANTES

LES

ÉCOLES PRIMAIRES PROTESTANTES

AVANT LA RÉVOCATION DE L'ÉDIT DE NANTES

THÈSE

PUBLIQUEMENT SOUTENUE

DEVANT LA FACULTÉ de THÉOLOGIE PROTESTANTE de MONTAUBAN

En Février 1892

PAR

Jacques MAURIN

BACHELIER ÈS LETTRES

POUR OBTENIR LE GRADE DE BACHELIER EN THÉOLOGIE

MONTAUBAN

IMPRIMERIE ADMINISTRATIVE ET COMMERCIALE J. GRANIÉ

3, Avenue Gambetta, 3

1892

RÉPUBLIQUE FRANÇAISE

UNIVERSITÉ DE FRANCE

Académie de Toulouse

FACULTÉ DE THÉOLOGIE PROTESTANTE DE MONTAUBAN

Professeurs

MM.

MONOD, ✻, I. ❂, Doyen,	*Dogmatique.*
BRUSTON, I. ❂,	*Hébreu et critique de l'A. T.*
WABNITZ, I. ❂,	*Exégèse et critique du N. T.*
DOUMERGUE, I. ❂,	*Histoire ecclésiastique.*
LEENHARDT, ❂, prof. adjoint,	*Sciences physiq. et naturelles.*
N***,	*Morale et Éloquence sacrée.*
N***,	*Philosophie.*
N***,	*Haute latinité et litt. grecque.*
H. BOIS, chargé d'un cours de	*Philosophie.*
MONTET, chargé d'un cours de	*Grec et de Latin.*

PÉDÉZERT, ✻, I. ❂, professeur honoraire.

Examinateurs

MM. WABNITZ, I. ❂, *Président de la soutenance.*
MONOD, ✻, I. ❂,
LEENHARDT, ❂,
BRUSTON, I. ❂.

La Faculté ne prétend approuver ni désapprouver les opinions particulières du Candidat.

INTRODUCTION

Il n'est pas possible de trouver bien loin dans le passé les premiers vestiges d'une instruction primaire régulièrement organisée. Les documents font défaut; mais ce silence est lui-même un document : il atteste qu'il n'y avait rien à raconter à la postérité, ou bien que les choses dont le souvenir lui eût offert de l'intérêt en avaient peu pour leur siècle. D'ailleurs, ce n'est pas au temps dans lesquels les peuples ne sont guère considérés que comme la propriété ou l'instrument du pouvoir qu'il faut demander des institutions qui éclairent l'esprit et fortifient l'âme.

L'ignorance des temps qui précèdent immédiatement la Réformation, car c'est jusque-là seulement qu'il est utile de se reporter, a été souvent racontée; il serait superflu de la décrire de nouveau.

Nous cherchons l'éducation nationale, et nous ne trouvons que quelques traits épars, sans généralité, sans consistance; l'instruction n'a point un caractère populaire; dans ses étroites limites, elle a même une tendance exclusive; ce n'est pas le peuple, c'est-à-dire les enfants du laboureur, de l'artisan, des marchands, les enfants de la ville et de la campagne que le clergé veut élever par un enseignement solide et approprié à leurs besoins; il se défie de toute culture intellectuelle, il y voit une arme dangereuse qu'il est bon de ne pas mettre dans toutes les mains : il s'occupe surtout à former, à mouler des moines et des prêtres. L'instruction donnée par l'Église dans ses écoles épiscopales, monastiques et paroissiales, est tout entière au service de l'Église.

A ce moment la Réforme parut. Rendant l'homme responsable de sa foi en plaçant la source de cette foi dans la Bible, elle ne pouvait se consolider que par l'instruction populaire. Aussi la première préoccupation des réformateurs fut d'établir des écoles dans toutes les localités où ils réussissaient à fonder une église protestante, de favoriser de tout leur pouvoir le développement de l'instruction primaire.

Nous devons justifier par des faits cette affirmation. En 1524, Luther adressa une lettre aux magistrats d'Allemagne sur la nécessité de fonder des écoles chrétiennes. Voici en quels termes le chef de la Réforme allemande plaidait la cause de l'enseignement populaire :

« La prospérité de l'État ne dépend pas absolument de l'abondance des revenus, de la solidité des remparts, de la beauté des édifices. Posséder des citoyens honorables, polis, instruits, d'une raison éclairée, voilà son premier intérêt, son salut, sa force. Et si de nos jours il est difficile de rencontrer de pareils citoyens, à qui la faute, si ce n'est aux magistrats qui ont laissé grandir la jeunesse comme les taillis dans les forêts... Il s'agit de s'occuper de l'éducation de notre jeunesse, si nous voulons faire du bien à notre peuple et à nous. On consacre tant d'argent pour des sabres, des arquebuses, des routes, des digues et pour mille autres choses; pourquoi n'en emploierait-on pas autant pour élever nos enfants et former de bons maîtres d'école? Chaque jour nous voyons naître et croître des enfants sous nos yeux, et il n'y a personne qui s'en occupe. Il nous faut en tous lieux des écoles pour nos filles et nos garçons, afin que l'homme devienne capable d'exercer convenablement sa profession et la femme de diriger un ménage et d'élever chrétiennement ses enfants... »

Cette lettre produisit un effet considérable en faveur de l'instructiou populaire. L'Allemagne protestante se couvrit d'écoles primaires presque immédiatement.

Les réformateurs français reconnaissent comme Luther l'importance, la nécessité de l'instruction et de l'éducation chrétienne parmi le peuple.

En 1532, Froment va s'établir à Genève. A peine est-il arrivé dans la ville, qu'il fait apposer sur tous les murs une affiche ainsi conçue : « Il est venu un homme en cette ville qui veut enseigner à lire et à écrire en français dans un mois à tous ceux et celles qui voudront venir, petits et grands, hommes et femmes, même à ceux qui ne furent jamais en eschole, et si dans ledit mois ne savent lire et écrire, ne demande rien de sa peine. Lequel trouveront en la grande salle de Boitel, près du Molard, à l'enseigne de la Croix d'Or, et s'y guérit beaucoup de maladies pour néant » (1).

(1) Haag : *France protestante*, t. V, p. 176.

En 1535, Farel, le plus fougueux de nos réformateurs, écrivait dans son Sommaire : « Que là où escoles sont dressées, qu'elles soyent entretenues, en réformant ce qui a besoin d'estre corrigé et en y mettant ce qu'il faut. Et là où il n'y en a poinct, qu'on en ordonne, et au lieu de la moynaille et des charges de la terre, qu'on regarde gens de bien et de bon savoir qui ayent grâce d'enseigner avec la crainte de Dieu, et enfants aussi bien naiz et de bon esprit, ayant la semence de la crainte de Dieu. Et si les pères ne les peuvent entretenir, qu'ils soient entretenus et instruits en toutes bonnes lettres, selon qu'ils en seront capables, et après, selon que Dieu leur donnera de grâce, qu'ils servent à l'honneur de Dieu, ou pour enseigner le peuple ou aultrement, et qu'on n'empêche les bonnes lettres et bonnes sciences et les langues; car de tout cecy le cœur fidèle fera son profit et fera tout servir à l'honneur de Dieu et au profit du prochain... »

Calvin s'appliqua aussi à répandre l'instruction. Dans la préface de son Catéchisme, écrit à l'intention des enfants, il rappelle que « l'Église a toujours eu en singulière recommandation » l'instruction des enfants, et, « pour ce faire, non seulement on avait anciennement les escholes, et commandait-on à un chacun de bien endoctriner sa famille... » Il a consacré un chapitre entier de ses Ordonnances à « l'ordre qu'on devra tenir envers les petits enfants ». Mais Calvin n'écrit pas seulement, il agit. Ce fut sans doute sous son influence que le Conseil de Genève prit, le 19 mai 1536, la résolution suivante : « Il y est aussi este propose l'article des escolles et sur icelluy par une mesme voix est résolu que l'on taische à avoir homme à cela faire sçavant et que l'on sallarie tellement quil puysse nurrir et enseigner les paovres sans leur rien demander de sallaire et aussy que chescung soit tenu envoyer ses enfans à l'escole » (1).

Les synodes nationaux s'occupèrent souvent de l'enseignement primaire. Ainsi, le Synode national tenu à Sainte-Foy en 1578 prit la décision suivante : « Les députés des provinces seront chargés d'avertir et d'exhorter leurs dites provinces à faire instruire la jeunesse et de penser à tous les moiens qu'elles pourront trouver pour dresser des écoles, où la dite jeunesse puisse être élevée et rendue propre à servir un jour l'Église de Dieu... » Étendant plus loin sa sollicitude, le même Synode engagea « les pères et mères de prendre soigneusement garde à l'instruction de leurs enfans qui sont la semence et la pepinière de l'Église » (2).

Le Synode national tenu à Nîmes en 1580 recommande des maîtres d'écoles aux églises où il n'y a point de pasteur; celui de La Rochelle (1607), l'établissement de petites écoles; d'autres (Gergeau, 1601; Alençon, 1637) votent des fonds pour leur entretien, et censurent les parents qui envoient leurs enfants aux écoles catholiques (3).

Tous ces textes explicites, prouvant que les protestants du XVIe siècle ont tout fait pour répandre l'instruction parmi le peuple, sont résumés et condensés

(1) Baumgartner : *De l'enseignement de l'hébreu*. Genève, 1889.
(2) Aymon : *Synodes nationaux*, t. I, p. 126-127, 130, 251.
(3) *Id.*, t. I, p. 251.

dans l'article premier du chapitre II de la *Discipline ecclésiastique des Églises réformées de France* : « Les églises feront tout devoir de faire dresser des écoles, et donneront ordre que la jeunesse soit instruite. » C'est la voix générale de l'Église protestante qui parle ainsi.

PREMIÈRE PARTIE

HISTOIRE DES PETITES ÉCOLES

LES PETITES ÉCOLES OU ÉCOLES PRIMAIRES

Des écoles primaires furent établies par les protestants français dès les premiers jours de la Réforme. On leur donna tout d'abord un nom assez singulier; on les appela : « Écoles buissonnières ». Nous savons aujourd'hui l'origine et la cause de cette bizarre appellation. A l'apparition de la Réforme, toutes les écoles épiscopales, monastiques et paroissiales étaient sous la direction du Chantre de l'Église métropolitaine de la capitale, qui était chanoine, grand dignitaire ecclésiastique et portait aussi le titre de « collateur, juge et directeur des écoles de grammaire ». Pour échapper à sa surveillance et à la juridiction des évêques, de leurs grands vicaires ou des doyens ruraux, les écoles protestantes, dont l'existence n'était pas autorisée par la loi, durent se cacher dans des lieux écartés, loin des yeux de l'autorité, dans les faubourgs et jusque dans la campagne.

Découvertes en un lieu, elles étaient transportées ailleurs; parfois même, lorsque les poursuites devenaient trop vives, le danger trop pressant et que le temps le permettait, le maître et ses vaillants et fidèles petits élèves se cachaient au milieu des bouquets d'arbre, dans les fossés et derrière les buissons (1). De là est venu le proverbe vulgaire, qui ne rappelle en rien le zèle et l'ardeur au travail des enfants huguenots: Faire l'école buissonnière. Jusqu'en 1552, les agents de l'autorité traquèrent les pauvres buissonniers. Mais il vint un temps où le nombre des écoles clandestines fut si considérable qu'ils ne purent plus suffire à leur tâche. Alors le Parlement de Paris rendit un arrêt, en date du 7 février 1554, où il est dit: « Ladicte cour enjoinct et enjoinct audit Chantre en l'Église de Paris, de donner ordre que, hors les petites escolles qui sont et seront destinées par ledict Chantre en cette ville de Paris, ne se tiennent aulcune autre escolle buissonnière, et ce pour obvier aux inconvéniens qui en pourraient advenir pour la maulvaise et pernitieuse doctrine que l'on pourrait donner aux petits enfans pervertissant leurs bons esprits » (2).

Cet arrêt ne ruina pas les écoles buissonnières. Nos petits huguenots ne fréquentèrent pas davantage l'école du Chantre de Paris; ils n'allèrent pas à l'école catholique. Ils préférèrent suivre l'école buissonnière, l'école protestante, et accomplir fidèlement leur devoir, obéir à leur conscience.

(1) Ch. Drion : *Histoire chronologique de l'Église protestante de France*, t. I, p. 47.

(2) *Bulletin du protestantisme français*, t. VIII, p. 272.

Un autre arrêté concernant les mêmes écoles fut rendu le 19 mai 1628. En voici la teneur : « La cour a ordonné et ordonne que les statuts et règlements ci-devant sont et, concernant les petites écoles et arrêts donnés en conséquence d'iceux, seront gardés et observés selon leur forme et teneur et suivant iceux a fait inhibition et défense à toutes personnes de tenir escolles buissonnières et particulières en cette ville, faubourgs et banlieue, sans la permission du Chantre de Paris, à peine de cinquante livres d'amende, applicables à l'Hôtel-Dieu, de perte de tous les livres et papiers qui se trouveront chez lesdits buissonniers » (1).

Écoles buissonnières, tel était donc le titre officiel et dédaigneux de la primitive école populaire protestante. Il vient directement de l'amour, de l'étude qui obligeaient les jeunes proscrits à faire l'école buissonnière.

Les protestants donnèrent à leurs écoles primaires le nom de petites écoles : c'est celui qui leur est resté jusqu'à la révocation de l'Édit de Nantes.

DE L'EXISTENCE DES PETITES ÉCOLES DEPUIS LES PREMIERS JOURS DE LA RÉFORME JUSQU'A LA RÉVOCATION DE L'ÉDIT DE NANTES.

Nous déplorons l'insuffisance des renseignements que nous possédons sur les petites écoles. Malgré

(1) *Bulletin du protestantisme français*, t. VIII, p. 272.

tous nous nos efforts, il nous est impossible de faire l'historique de ces modestes foyers de lumière. Il est plusieurs provinces pour lesquelles nous restons dans une ignorance absolue. Néanmoins les faits que nous avons réunis dans le tableau d'ensemble qui suit suffisent, croyons-nous, à prouver l'existence de ces écoles. Ils sont assez nombreux pour porter la conviction dans les esprits.

ANNÉES	ÉCOLES	INSTITUTEURS
1528	Annonay (Languedoc).	Antoine Jonas, emprisonné.
1534	Pas (Artois).	Nicolas, surnommé l'Escrivant, mis à mort.
1535	Paris.	La Catelle, brûlée vive.
1535	Bordeaux.	Jehan Colassus.
1536	Agen.	Philibert Sarrazin, persécuté.
1537	Briançon.	Jacob Valier, persécuté.
1537	Apt.	Un maître d'école.
1537	Montbéliard.	Pierre Toussain.
1537	id.	Michel Mulot.
1538	Agen.	Jehan Bernède.
1538	id.	Jérôme Vindocin, brûlé.
1538	id.	Pierre Dupont.
1538	Sainte-Foy.	Aymon de la Voye, brûlé.
1540	Mérindol.	Jacques de Sangre, brûlé.
1540	Angers.	Jean Tardif, fustigé et banni.
1540	Toulouse.	Plusieurs instituteurs.
1541	Tonneins.	André Mélanchton, emprisonné.
1541	Villeneuve-d'Agen.	Jean Carvin.
1541	Nérac.	
1544	Le Cateau-Cambrésis.	Jehan le Vefve, persécuté.
1544	La Rochefoucauld.	
1544	Marvejols.	Pierre de la Serre, mis à mort.
1545	Metz.	
1545	Saint-Mihiel (Lorraine)	Jacques Chobard, brûlé.
1546	La Rochelle.	
1546	Gémosac (Aunis et Saintonge).	Instituteur persécuté.
1548	Blamont (Doubs).	Jacques Gète.
1549	Bergerac.	Jean Seguin, brûlé.
1550	La Rochelle.	Pierre Delagarde, persécuté.
1550	id.	Helyes, persécuté.
1550	id.	Nicolas, persécuté.

ANNÉES	ÉCOLES	INSTITUTEURS
1550	La Rochelle.	François Seneschal, persécuté.
1551	Lyon.	Claude Monier, brûlé.
1552	Auxerre.	
1552	Sens.	
1552	Lyon.	Hugues Gravier, brûlé.
1556	Montflanquin (Guyen.).	Jérôme Casebonne, brûlé.
1557	Orléans.	Jean-Louis Micqueau.
1557	Valence.	Un luthérien genevois.
1557	Buis (Dauphiné).	
1557	Paris.	Nicolas Clinet, brûlé.
1559	Napoule.	André Soliès.
1559	Antibes.	Cyprien.
1559	La Châtaigneraie (Poit.)	Élie de Sayvre, persécuté.
1559	Chartres.	Defoz.
1560	Montpellier.	
1560	Bourges.	
1560	Nantes.	Maître Jehan, emprisonné.
1560	Beauvais.	Fourré, tué.
1562	Die.	Gaspard Delamer.
1562	Grenoble.	Guillaume Blachon.
1562	Troyes.	Aimé, fouetté.
1562	id.	Edme Rotta, fustigé.
1562	Vassy.	Jacques de Monniot, tué.
1562	Orléans.	Gaillard, pendu.
1562	Melun.	
1562	Toulouse.	Instituteur condamné à mort.
1562	Valognes.	Birout, tué.
1562	Réalmont.	Jean Planquezi, condamné à mort.
1562	Metz.	
1562	Paris.	La Faye, brûlé.
1563	id.	Antoine Trapier, pendu.
1563	Marnel.	Michel d'Ammili, noyé.
1563	Auxerre.	

ANNÉES	ÉCOLES	INSTITUTEURS
1565	Nantes.	
1565	Beauvais.	Loïs Bimont, persécuté.
1565	Plusieurs écoles dans le Poitou.	
1565	Agen.	Jehan Bernède, brûlé.
1565	Montbéliard.	Guillaume Varillon.
1566	Le Cateau.	Jehan le Vefve, pendu.
1567	Chancè.	Pierre Raillot.
1568	Valenciennes.	Jehan Patout, tué.
1568	Issoudun.	
1568	Montbéliard.	Léger Grimault.
1569	Layon.	
1569	Troyes.	
1569	Lagor (Béarn).	Jean de Pourtau, fusillé.
1569	Oloron.	Pontet, tué.
1571	Orange.	Gardenqui, massacré.
1572	Rouen.	Mathurin, tué.
1572	Paris.	Abraham, tué.
1572	Orléans.	Mamert, jeté par la fenêtre.
1572	id.	Saint-Thomas, tué.
1575	Charmont.	Barthol père.
1575	Blamont.	Barthol fils.
1577	Montdardier.	Pierre Causse.
1581	Larruns.	Arnaud d'Arres.
1582	Lille.	Gille de Bailleul, mis à l'amende.
1589	Pontois, près de Die.	François Money.
1594	Vabre.	Louis Barthès.
1595	Metz.	Quenti Renvoi.
1596	Rochechouart.	Jean Perrin.
1596	id.	Jacques Firbeys.
1597	Pouzin.	Falguet.
1597	Grateloup.	
1597	Lormarin.	Instituteur noyé.

ANNÉES	ÉCOLES	INSTITUTEURS
1597	Montbéliard.	Barthol Vienot.
16e s.	Issoire, Clermont, Le Puy Bourges, Argentat, etc.	
1600	Montpellier.	Deux instituteurs.
1602	Rochechouart.	
1604	Die.	
1607	Poirés.	
1607	Belleville.	
1609	Alençon.	
1610	Charenton.	Duclos.
1614	Aubenas.	Deux instituteurs.
1615	Saint-Maurice-les-Charenton.	
1615	Gap.	Pierre Carbonier et Jean Vialis.
1616	Aubenas.	Lagrange et Clapier, persécutés.
1617	Vieille-Vigne (Bretagne)	
1617	Vyans (Franche-Comté)	Deux instituteurs.
1621	Aubenas.	Trois maîtres d'école.
1621	Gap.	Urbain Pariat.
1622	Paris.	Un instituteur tué.
1623	Niort.	
1626	Gap.	Jean de la Rambaudière.
1627	Aubenas.	Gonthier et Clapier, persécutés.
1627	Gap.	Pierre Maillard.
1634	Civray.	
1635	Annonay.	
1635	Metz.	
1635	Mareuil.	Trois institut^rs et deux institutric^s
1635	Gap.	Daniel Meyssonier.
1637	Saint-Lô.	Plusieurs instituteurs.
1637	Claye.	Jean de Romme.
1637	Lumigny, Lisy, La Ferté-sous-Jouarre.	

ANNÉES	ÉCOLES	INSTITUTEURS
1640	Rouen.	Mahiet, Decras.
1640	id.	Veuve Mahiet, veuve Houldemare.
1640	Sainte-Foy.	Ordi et Grenier, persécutés.
1641	Couhé (Poitou).	Guillaumet et Champcrault, persécutés.
1644	Charenton.	
1644	Lumigny.	Pierre Cahier.
1644	La Ferté-sous-Jouarre.	Prévost.
1644	St-Barthélemy-le-Meil.	Catalon.
1645	Saint Sylvain.	Le Moine.
1646	Aouste (Dauphiné).	
1647	Rouen.	Deux institres, les filles de Mahiet.
1648	Nérac.	Fran, persécuté.
1657	Pons (Saintonge).	Paul Baudroux.
1660	Loudun.	
1660	Vitré.	
1661	Mouillé.	Jean Migault.
1661	Luc (Provence).	
1662	Plusieurs écoles en Provence, en Bourgogne et dans le baillage de Gex.	
1662	Sergy.	
1662	Ferney.	
1663	Écoles à Joucas, Gordes, La Bastide-des-Gros, Lacoste, Ongles,La Bréole,Solliés et Lemps (Provence).	
1663	Gap.	Garnier.
1663	Melle.	Trois instituteurs : Melin, Jorbé et Mourry, persécutés.
1663	Aubusson.	

ANNÉES	ÉCOLES	INSTITUTEURS
1663	Mougon.	Jean Migault, persécuté.
1664	Lemié (Ile de France).	Martin Coche, persécuté.
1664	Die.	
1664	Gap.	Nonet.
1664	La Rochelle.	Jean Arnaud, persécuté.
1668	Plus[rs] écoles en Béarn.	
1668	Alençon.	
1671	Grenoble.	
1671	Marennes.	Six instituteurs et trois institutrices : Jacques Jay, Pierre Poite, Théodore Basole, Jean Bureau, Étienne Rommeau, Pierre La Boissière, Marie du Lac, Marie Tinet, Bossuit; tous persécutés.
1672	Archiac (près Saintes).	
1672	Étobon.	Daniel Monier.
1673	Beaucourt.	
1673	Châteaudouble.	
1678	Marennes.	Six instituteurs et trois institutrices.
1678	Pons (Guyenne).	Trois institutrices : Gombaut, Brion et Giraud.
1679	Brouage.	
1679	Montpellier.	Cancelade et Vedel.
1679	Auxerre.	
1679	Pignan.	Mouton.
1680	Montpellier.	Rigaud et Delmas.
1680	Gap.	
1680	Ganges.	Abric et Conte.
1680	La Rochelle.	Charles Papin.
1681	Sedan.	
1681	Mougon.	Jean Migault, persécuté.

ANNÉES	ÉCOLES	INSTITUTEURS
1681	Montpellier.	Trois institutrices : Françoise Chambonne, Espinas et Sabonne, persécutées.
1682	Alençon.	Bouvet, persécuté.
1683	Mouchamp.	Delmart, persécuté.
1683		Perron.
1685	Mauzé.	Jean Migault, emprisonné.
1685	Valleraugue.	Vivens, persécuté.
1685	Bouzène.	Serret, persécuté.
1685	Junas.	Dupont, persécuté.
1686	Saint-Barthélemy-le-Meil, Pignon, Cournonterral, Nîmes, Ganges, Saint-Voy, Faussemagne et Fontmourettes ont des écoles.	

NOMBRE DES PETITES ÉCOLES

Nos anciens historiens parlent assez rarement des petites écoles, parce qu'ils ne citent que les faits éclatants, iniques et odieux qui s'y rapportent. Mais la place même qu'occupent leurs récits sur la fondation, la persécution ou la suppression de ces modestes foyers de lumière, nous permet d'affirmer qu'ils devaient être fort nombreux en France.

A peine la Réforme eût-elle recruté des adhérents

que ceux-ci décidèrent la création de petites écoles et s'efforcèrent d'en établir partout où le nouveau culte s'était introduit. Il devait y avoir au moins une école par église; dans beaucoup d'églises il y en avait plusieurs. Ainsi, en 1550, l'église de La Rochelle avait sept maîtres d'école à son service; en 1562, il y avait deux instituteurs à Orléans. Cela est encore prouvé par un arrêt du 4 décembre 1671, qui défend aux réformés d'avoir plus d'une école en chaque lieu où l'exercice public de leur culte était permis.

Les écoles primaires protestantes ne furent jamais plus nombreuses qu'en 1562. A cette date, Condé offrit à la reine-mère l'appui des deux mille cent cinquante églises réformées. Si on se rappelle qu'à côté de la chaire s'élevait toujours l'école, on ne pourra pas nous taxer d'exagération en affirmant qu'il y avait alors plus de deux mille petites écoles. A partir de cette époque le nombre des écoles populaires protestantes va diminuant très sensiblement.

Les protestants jetés dans la conjuration d'Amboise par la vue des supplices qui se multiplient, poussés à une prise d'armes par le massacre de Vassy, tournent alors toute leur activité vers les guerres qui se préparent. Ils oublient leurs écoles que le manque de ressources et la persécution vont à l'envi fermer les unes après les autres. En 1576, lorsque Henri III, désirant pacifier les troubles de son royaume, permit aux réformés de « tenir des escholes et de donner des leçons publiques dans toutes les villes et lieux de son royaume, sauf à Paris ou à la cour et à deux lieues environ », il existait à peine mille écoles primaires protestantes. L'édit royal ne semble pas avoir favorisé le développement des petites écoles. En 1578, leur nombre est d'environ huit cent cinquante.

FIN DES ÉCOLES PRIMAIRES

Le nombre des petites écoles et la place importante qu'elles occupaient dans la vie de nos églises attirèrent l'attention sur elles. Les évêques et les gouverneurs de provinces les tinrent pour dangereuses et se défièrent de leur influence. Éléments féconds de la vitalité de l'hérésie qu'elles continuaient à propager, les écoles étaient désignées d'avance à la haine et aux rigueurs d'un pouvoir dont l'autorité était au service d'un clergé acharné contre toute dissidence. L'histoire de la destruction des petites écoles est lamentable. Nous allons la retracer brièvement.

Les écoles primaires protestantes furent enveloppées dans le système de destruction, inauguré contre la religion protestante presqu'au lendemain de la mort d'Henri IV, et appliqué, dès lors, avec une persistance soutenue.

Dès 1611, la réponse au dix-huitième article de l'Assemblée de Saumur avait limité leur nombre. Par une interprétation étroite de l'article 37 des articles secrets de l'Édit de Nantes, qui n'autorisait qu'une école protestante dans les lieux d'exercice, il ne fut permis que d'en avoir une seule dans les villes jouissant du droit d'exercice public du culte. Les maîtres ne devaient y recevoir que les enfants dont les parents résidaient dans ces villes et en sus douze enfants de la campagne environnante. Leur enseignement était strictement borné à la lecture, l'écriture et l'arithmétique; il leur était interdit de faire répéter le catéchisme. Louis XIV instituait ainsi pour les protestants l'instruction laïque.

Ces restrictions, quelque contraires qu'elles fussent aux prescriptions de l'Édit de Nantes, n'atteignaient que fort imparfaitement le but que l'on se proposait. Le prétexte manquant pour supprimer les écoles protestantes en bloc, on se borna pendant longtemps à des exécutions de détail. On profita de la moindre occasion, on inventa les plus étranges motifs pour prononcer l'interdiction d'une école tantôt dans un lieu, tantôt dans un autre. Le 18 mars 1637, un arrêt du Parlement de Rouen supprima les écoles protestantes de Saint-Lô et de Claye, en permettant toutefois aux maîtres de donner des leçons particulières de lecture et d'écriture dans les maisons (1). Trois ans plus tard, on étendit cette mesure à celles de Rouen, sous le singulier prétexte que les maîtres de ces écoles n'avaient pas l'autorisation du chancelier de l'Église métropolitaine, autorisation que les catholiques obtenaient toujours et les protestants jamais (2). La même année, les écoles de Sainte-Foy furent fermées parce que le Parlement de la province ne les avait pas autorisées (3). Le 10 décembre 1640, le roi fait savoir à l'évêque de Poitiers qu'il entendait qu'il y eût

(1) Benoit : *Histoire de l'Édit de Nantes*, t. II, p. 565.
(2) *Id.*, t. II, p. 589.
Drion : *ouv. cit.*, t. II, p. 20.
(3) Benoit : *ouv. cit.*, t. II, p. 589.

des écoles séparées pour les garçons et pour les filles (1). L'évêque rendit aussitôt une ordonnance dans ce sens. Quelques bonnes raisons que l'on pût avoir pour réclamer la séparation des enfants des deux sexes, si l'on rapproche cet ordre de la décision mentionnée plus haut, qui défendait aux protestants d'avoir plus d'une école dans les lieux où l'exercice de leur culte était permis, on ne pourra assigner d'autre but à l'ordonnance de l'évêque de Poitiers, qui avait probablement sollicité la lettre du roi, que celui de nuire à l'existence et au maintien de ces écoles protestantes. Il serait trop long de rapporter toutes les suppressions d'écoles qui eurent lieu jusqu'en 1671.

A cette date on commença à procéder en grand à la ruine des petites écoles. Le 4 décembre 1671, un arrêt du Conseil d'État, reproduisant celui de 1611, fait défense aux réformés d'avoir plus d'une école dans chaque lieu où l'exercice public de leur culte est permis, limite le nombre des écoles, interdit d'avoir plus d'un maître dans chaque école et ordonne que « les maîtres seraient payés des deniers seulement de ceux qui seraient instruits, ou des consistoires des lieux ou lesdites écoles étaient établies, sans que lesdits maîtres pussent être payés des deniers de la communauté ou collectes des autres églises » (2). En privant les maîtres d'un salaire suffisant, on rendait ainsi leur recrutement fort difficile. Une foule d'écoles durent alors disparaître faute de maîtres, et à partir

(1) Benoit, *ouv. cit.*, t. II, p. 590.

(2) Drion : *ouv. cit.*, t. II, p. 122, 125.
Hoguette et Grammont : *Recueil des Édits*, p. 261-262.

de cette époque beaucoup d'autres furent supprimées à mesure que, sous les prétextes les plus futiles et les plus singuliers, on supprimait l'exercice public du culte dans un nombre toujours croissant de localités. A chaque nouvelle interdiction de nos écoles, répond un nouveau sacrifice pour l'instruction de la jeunesse protestante. Les écoles sont fermées dans toutes les églises où le culte est interdit; voici les pasteurs et les instituteurs des lieux où l'exercice public du culte est autorisé reçoivent en pension dans leurs maisons les enfants protestants des paroisses dont l'école a été supprimée. Une seule école est tolérée dans les villes d'exercice; voici l'école sera placée à l'endroit le plus commode pour que les enfants puissent la fréquenter; dans l'intérieur des villes, si c'était dans leur sein que la population protestante était agglomérée; à l'extrémité des faubourgs, si la majeure partie des protestants résidaient à la campagne. Ces petits arrangements, dont l'insuffisance est évidente, excitèrent cependant de l'ombrage et furent bientôt rendus impossibles. Le 11 janvier 1683, un arrêt du Conseil, interprétant les arrêts antérieurs, défendit aux maîtres d'écoles de recevoir des pensionnaires dans leurs maisons et aux ministres d'en avoir plus de deux, sous peine de mille livres d'amende, d'interdiction de ministère et de suppression de l'école (1). Ce même arrêt ordonnait que les écoles devaient être placées « les plus proches des temples que faire se

(1) Pilate : *Édits et Déclarations*, p. 127-128.
Benoit : *ouv. cit.*, t. III, p. 618-620.
Drion : *ouv. cit.*, t. II, p. 164.

pourra ». Cette dernière mesure était plus dure encore que les précédentes. Il faudrait donc : ou passer par l'école catholique, ou rester sans instruction. Maîtres et pasteurs se transforment alors en colporteurs de l'enseignement. Ils vont de maison en maison, de ferme en ferme, de village en village, faire l'école, instruire à domicile. Rien ne peut les abattre, les décourager. Ils luttent ainsi jusqu'au bout, jusqu'à la date fatale où le protestantisme français est rayé de la liste des vivants. En 1685, il est supprimé et toutes ses écoles avec lui (1). Après quoi le grand roi examina son œuvre, et l'ayant trouvée bonne, il loua le Seigneur.

(1) Pilate : *ouv. cit.*, p. 201.

DEUXIÈME PARTIE

ORGANISATION DES PETITES ÉCOLES

ORGANISATION DES ÉCOLES PRIMAIRES

Nous voudrions pénétrer complètement dans cette vie scolaire, connaître à fond cette organisation de l'enseignement primaire, qui forma des générations si fortes et si pieuses et qui fut le facteur incontestable de la prospérité et de la vie de nos anciennes églises. Nous voudrions reconstituer ces petites écoles, si chères à nos pères du XVIe siècle, et qui prêtaient un appui si efficace à l'activité des pasteurs. Malheureusement, les sources sont peu abondantes, les documents sont rares, les renseignements peu nombreux, les recherches peu fructueuses. Nous ramasserons en quelques pages le peu que nous savons, nous suppléerons à la pénurie des sources par les inductions qu'on peut logiquement tirer de certains faits.

CONDITION MATÉRIELLE DE L'ÉCOLE

On désirait que l'école fût un peu à l'écart, point sur la rue, autant que possible dans l'endroit où se trouvait agglomérée la population protestante et à proximité du temple, dont l'école était l'auxiliaire précieux. La classe devait être divisée en trois parties : la première est réservée aux enfants qui écrivent, la seconde à ceux qui lisent, la troisième aux nouveaux venus. Il va sans dire que toutes les écoles n'étaient pas conformes à ce type. Si, dans les églises de ville, dans les grands centres protestants, les locaux scolaires étaient suffisants et convenables, trop souvent, hélas ! les petites écoles laissaient à désirer à ce point de vue. Sans doute, le règlement des écoles exigeait que la maison d'école remplît certaines conditions : « Afin que les maîtres d'école puissent d'autant mieux vaquer à l'instruction de la jeunesse, et que les enfants soient plus attentifs, puissent mieux profiter des leçons qu'on leur fera, on n'exercera pendant l'école dans le lieu où les enfants seront assemblés aucun métier qui fasse du bruit, et on fera en sorte qu'il y ait suffisamment place pour les écoliers en ôtant tout métier ou meuble qui pourra embarrasser la chambre où se tiendra l'école. » Mais le manque de ressources, la dureté des temps, faisaient souvent oublier les exigences du règlement. Tantôt la classe se tenait dans le logis de l'instituteur, à défaut de la maison appartenant à la communauté;

et celui-ci, tendant toujours à s'installer le plus économiquement possible, la classe se ressentait de cette préoccupation. Tantôt le traitement qu'on faisait au maître d'école ne pouvant suffire à ses besoins, il exerçait en même temps un métier manuel pendant les heures de liberté que lui laissaient ses fonctions d'instituteur; dans ce cas, la même salle servait à la fois d'atelier et de classe (1).

ENTRETIEN DES ÉCOLES

Ces écoles étaient complètement entretenues par les églises qui les avaient créées. C'était une règle générale que ni le Synode national, ni le Synode provincial n'allouaient de subsides pour les fonder ou les entretenir. Aussi, la situation des écoles primaires resta assez précaire, jusqu'à la promulgation de l'Édit de Nantes. On n'hésitait pas à se servir des fonds réservés aux écoles pour parer à des nécessités plus urgentes. Ainsi, en 1596, nous voyons l'assemblée politique de Loudun autoriser les conseils des provinces à prendre une pareille mesure. Enfin parut le fameux Édit de Nantes, et une ère nouvelle s'ouvrit. Cette charte de tolérance permit aux réformés de tenir des écoles publiques et les autorisa à pourvoir par des legs à l'entretien de leurs écoles.

Parfois, dans des moments difficiles, certaines assemblées, oubliant que chaque église était tenue

(1) E. Allain : *L'instruction primaire avant la Révolution.*

de salarier elle-même ses maîtres d'école, crurent pouvoir affecter aux écoles élémentaires une partie des sommes données au profit des collèges. Ces revirements de fonds furent toujours sévèrement blâmés par les synodes nationaux (1). En 1617, par exemple, la province de Provence avait employé à plusieurs petites écoles les deniers qui lui étaient donnés pour son collège. La censure fut même prononcée à cette occasion au Synode national de Vitré. Celui qui fut tenu à Alais en 1620 refusa aux provinces du Vivarais et de la Bourgogne la permission de distraire au profit des petites écoles les subsides destinés à leurs collèges. « Pour ce qui est de la demande qui a été faite par ladite province du Vivarez, qu'au lieu des collèges d'Annonay et d'Aubenas, il lui soit permis d'emploier les trois cents livres qui lui sont assignées sur les deniers de l'octroi du roi en plusieurs petites écoles, la compagnie ne lui a pas voulu accorder ce changement, non plus qu'à la province de Bourgogne, faisant la même demande pour changer son colege en de petites écoles. » Au Synode national de Vitré (1637) l'église de cette ville appela « du jugement de la province de Bretagne par lequel cent livres ont été ôtées des quatre cents » qui sont octroyées à son collège « pour être baillées à l'entretenement d'une petite école en l'église de Vieille-Vigne »; la compagnie ordonna que les quatre cents livres seraient payées entièrement à l'église de Vitré. Bien d'autres décisions de ce genre confirment le fait que les petites écoles protestantes étaient entièrement à la charge des églises,

(1) Aymon : *ouv. cit.*, t. II, p. 127, 207-208.

au sein desquelles elles se trouvaient. Ce principe était excellent à un double point de vue : d'abord la paroisse était ainsi fortement attachée à son école; ensuite, on l'a souvent remarqué, les parents n'estiment pas autant l'enseignement gratuit que celui qui est rétribué. D'après M. Nicolas, il ne souffrit que deux exceptions. En 1607, sur les instances de plusieurs députés des provinces « demandant l'établissement de quelque coloque, pour donner à la jeunesse les principes des bonnes lettres avant que les envoier aux grandes Académies », le Synode national tenu à La Rochelle accorda, à toutes les provinces qui n'avaient pas d'académies, une somme de « cent écus pour chacune, laquelle sera emploiée à dresser de petites écoles ». Celui de Privas, en 1612, engage les églises à fonder autant que possible des écoles; il s'en remet de ce soin à la prudence des provinces et les autorise à employer une partie des fonds alloués à chacune d'elles sur les deniers royaux, tant pour créer de nouveaux établissements d'enseignement primaire que pour entretenir ceux qui existaient déjà (1).

Nous n'avons pas trouvé, après le savant historien de l'Académie de Montauban, d'autres faits semblables dans l'histoire des synodes nationaux. Les églises comprirent si bien leurs obligations et les remplirent si fidèlement, qu'elles n'eurent pas besoin, pour la création ou pour l'entretien de leurs petites écoles, de recourir à leurs assemblées générales. C'est très rarement qu'elles réclamèrent leur concours. Elles savaient pourvoir par elles-mêmes à toutes les

(1) Aymon : *ouv. cit.*, t. I, p. 315-316, 435.

nécessités de l'instruction qu'elles faisaient donner aux enfants huguenots. Le grand nombre des écoles primaires protestantes qui existaient avant la révocation de l'Édit de Nantes prouvent suffisamment que, sur ce point, comme sur bien d'autres, les églises ne manquèrent jamais à leur devoir et surent s'imposer les plus grands sacrifices pour l'accomplir jusqu'au bout. Tous les protestants, pasteurs et laïques, riches ou pauvres, savants ou ignorants, rivalisaient de zèle en faveur de l'instruction, tant ils la savaient indispensable au progrès du protestantisme en France. Plusieurs grands seigneurs protestants fondèrent des écoles primaires dans leurs domaines et les entretinrent de leurs propres fonds. Coligny, entr'autres, qui avait coutume de dire que « l'instruction des enfants est un singulier bienfait de Dieu, un séminaire de l'Église et un apprentissage de piété », fonda, dans sa ville de Châtillon, des écoles primaires qu'il entretenait de ses propres deniers. L'exemple partait de trop haut pour que beaucoup d'autres gentilshommes, appartenant au culte protestant, ne l'imitassent pas.

LE PROGRAMME DE L'ENSEIGNEMENT

Les petites écoles protestantes étaient de véritables écoles primaires, qui donnaient une bonne instruction élémentaire. Le programme de l'enseignement était beaucoup moins étendu qu'aujourd'hui. Il comprenait quatre branches : l'enseignement religieux, la lecture, l'écriture et les premiers éléments du calcul. L'enseignement religieux à l'école constituait la première des obligations professionnelles d'un régent. Il devait apprendre aux enfants qu'on lui confiait l'histoire sainte et leur faire répéter la section du catéchisme que le pasteur expliquerait le dimanche suivant.

La lecture quotidienne de la Bible, à laquelle on consacrait une heure matin et soir, devait compléter cet enseignement que dominait un esprit large aux lieu et place de l'influence cléricale. Aussi les progrès étaient excellents. Les admirables réponses des enfants protestants de Mérindol à l'évêque de Cavaillon le prouvent, ainsi que le témoignage suivant de Bernard Palissy : « Vous eussiez veu les pédagogues qui avoyent si bien instruit la jeunesse que les enfans estoyent tellement enseignez que mesme il n'y avait plus de geste puéril, ains une constance virile. »

Pour enseigner l'orthographe aux enfants, on leur fait copier des exemples tirés de l'Écriture-Sainte ou « quelques autres qui contiennent des maximes de sagesse », on les interroge sur l'orthographe des mots ; puis on leur fait faire des dictées, on leur apprend les éléments de la grammaire.

L'enseignement de l'arithmétique était fort élémentaire ; il embrassait la numération et les trois premières règles. On opérait toujours sur des nombres concrets (1).

(1) *Cahier de l'assemblée politique de Saumur* (1611).
Léonce Anquez : *Histoire des assemblées politiques des réformés de France*, p. 399.

Pour ce qui est des méthodes usitées dans ces écoles, on peut croire que, sauf l'esprit général qui y régnait et le fréquent usage qu'on y faisait de la Bible, les petites écoles protestantes ne différaient guère des autres écoles de ce genre du XVIe et du XVIIe siècle. Nous croyons aussi que les maîtres, ayant l'esprit plus ouvert parce qu'il était plus indépendant, s'inspiraient des idées de Ramus, de Cordier et des réformateurs et n'employaient dans leurs leçons que la langue nationale, afin d'être plus facilement compris de ces petits qu'ils avaient pour mission d'élever jusqu'à la Bible traduite récemment en français par Lefèvre d'Étaples et éditée par Robert Olivétan.

FRÉQUENTATION DE L'ÉCOLE

La fréquentation de l'école primaire était obligatoire pour les enfants de six à quatorze ans. Les pasteurs, les consistoires et les synodes ordonnaient aux parents d'envoyer leurs enfants aux écoles; quand ils n'obéissaient pas, ils étaient vivement censurés. Le 17 mai 1577, le Conseil de l'église de Castres décide qu'on « publiera commandement à tous ceux qui ont charge d'enfants au-dessous de quatorze ans... qu'ils aient à les envoyer journellement au collège pour y être instruits et appris, à peine d'amende » (1).

Un synode provincial de la Provence « exhorte les ministres, en l'adjonction d'un ou de deux anciens

(1) Extrait des registres du Conseil de la ville de Castres (17 mai 1577).

qui seront nommés dans chaque consistoire, de visiter toutes et chacunes les familles de leur troupeau, et de s'informer de l'instruction des enfants, s'ils ont connaissance des catéchismes familiers, les exhortant sur peine de censure et de suspension, s'il y échoit, qu'ils aient à envoyer leurs enfants incessamment aux écoles, enjoignant, d'autre part, aux maîtres d'école de redoubler leurs soins pour l'instruction et la piété des enfants qui leur sont confiés » (1).

Le Consistoire était alors un véritable tribunal de mœurs. Il défendait aux « chefs de famille d'envoyer leurs enfants à l'école des prêtres, des moines, des jésuites, des religieuses, et de tous ceux qui pourraient les détourner de la foi chrétienne et leur inspirer l'erreur ou « le mensonge ». Il recommandait aux pères et aux mères de les faire instruire par des personnes de piété et qui font profession du pur Évangile...; il faisait appeler par l'avertisseur... ceux qui envoyaient leurs enfants à des écoles catholiques. »

Toutes les décisions des Consistoires, des Synodes particuliers et nationaux à cet égard sont résumées dans le règlement des écoles primaires de Sainte-Marie-aux-Mines : « Les pères et mères, est-il dit, envoïeront leurs enfans aux écoles publiques pour y être instruits et élevés en la discipline du Seigneur, et cela depuis l'âge de six ans pour les lieux où résident les maitres d'école et de dix ans pour les villages, et s'ils ne les envoient pas, ils seront obliger de païer les maitres d'école ni plus ni moins que s'ils envoïaient

(1) Arnaud : *Histoire de Provence*, t. I, p. 383.

leurs enfans à l'école, et cette obligation commence dès que leurs enfans auront atteint l'âge marqué ci-dessus, jusqu'à ce que, aïant été examinés par le pasteur, ils auront été suffisamment instruits. Les cas de maladies ou autres semblables, sont ici exceptés. »

Le même règlement, lu et approuvé en grand Consistoire à Sainte-Marie-aux-Mines, ajoute : « Quand un père ou une mère voudra envoïer son enfant à l'école, lui ou elle l'emènera premièrement au pasteur qui l'insérera dans un livre et le recommandera au maître d'école. L'enfant, une fois introduit dans les écoles, ne pourra plus en être retiré ni s'en absenter une semaine entière sans la permission du pasteur, mais continuera d'y aller jusqu'à ce qu'il sache lire coulamment, écrire passablement, et répondre d'une manière satisfaisante aux questions qui leur seront faites sur la religion. »

LES MAITRES DES PETITES ÉCOLES

Essayons maintenant d'indiquer les qualités principales qu'on exigeait de l'instituteur protestant, à quelles conditions ils étaient admis dans l'enseignement, quels étaient leurs devoirs, de quelles considérations ils jouissaient, quelle était approximativement la situation financière qui leur était faite.

Où pouvaient se former les maîtres d'école pour les graves et difficiles fonctions à la hauteur desquelles la grande majorité est toujours restée? Comment étaient-ils éduqués eux-mêmes? Nous l'ignorons. Il n'existait pas alors d'établissements destinés à leur instruction, ce que nous appelons aujourd'hui des écoles normales, ou du moins nous n'avons pu découvrir aucune de ces utiles institutions. La question se pose sous une autre forme :

D'où venaient donc ces maîtres d'école? Il faut bien l'avouer, là était le côté faible de l'organisation de l'enseignement primaire protestant. Les instituteurs venaient un peu de partout, ils étaient un peu de toutes les conditions. Le besoin d'instruire le peuple était si grand, si pressant, que des gens de toute espèce durent se faire d'abord maîtres d'école : d'anciens moines, de pauvres clercs, des artisans, etc.; mais dans la suite il en fut autrement. Les éducateurs de la jeunesse sortirent, pour la plupart, des rangs des meilleurs élèves des petites écoles; les jeunes gens qui avaient fait preuve de sérieux et d'intelligence étaient désignés au choix des églises et appelés par elles à la direction d'une école. On sait aussi que les étudiants des différentes académies qui n'avaient pu finir leurs études, soit faute de ressources, soit par défaut de capacité, se consacraient à l'instruction de la jeunesse (1). Par exemple, le Synode national de Gap, tenu en octobre 1603, refuse de reconnaître Jean Mussidan, dit Borderas, comme pasteur : « Son incapacité fait assés connaître que Dieu ne veut pas servir de lui; néanmoins pour lui donner quelque consolation, la province dans laquelle il se retirera est exhortée à l'assister charitablement, et à l'emploïer à l'instruction de la jeunesse. » Quelquefois, à la suite

(1) Aymon *ouv. cit.*, t. I, p. 135, 220, 265, 266, 374.

de quelque manquement peu grave à la discipline, de quelque légèreté de jeunesse ou pour toute autre faute de peu de gravité, le Synode national révoquait un pasteur; pour pourvoir à son entretien, il acceptait souvent les modestes fonctions d'instituteur des écoles primaires. Ainsi, au Synode de Sainte-Foy (1578), Jean Bonniot ou Bouquier, se faisant appeler Gaultier, est déposé du ministère : « Néanmoins, à cause de son extrême pauvreté et eu égard à sa famille qui est nombreuse », on lui permet « de tenir école et d'instruire la jeunesse ».

Qu'on ne prenne pas occasion de ces faits pour penser qu'on n'exigeait aucunes qualités morales et intellectuelles des maîtres des petites écoles, qu'ils se recrutaient parmi les hommes d'une moralité douteuse ou dans les fruits secs de l'enseignement supérieur. Erreur profonde. L'*Histoire des Synodes nationaux* d'Aymon, où nous avons puisé ces renseignements, suffit aussi à faire tomber tous ces soupçons (1). Nul n'était investi de cette charge, honorable entre toutes, s'il n'était animé d'une piété de bon aloi, s'il n'avait montré des dispositions spéciales et prouvé qu'il était bien qualifié.

On lui demandait surtout la piété. Les Synodes et les Consistoires mettent toujours cela en première ligne. On voyait fréquemment, d'ailleurs, les instituteurs devenir pasteurs, et *vice versa*, des pasteurs devenir instituteurs, ou même s'acquitter en même temps des deux fonctions. Par exemple, nous voyons le Synode tenu à Montpellier en 1598 « aiant égard au

(1) Aymon : *ouv. cit.*, t. I, p. 265, 366, 374.

peu d'assistance que reçoit M. Quintin de son église, et au service qu'il y rend depuis longtemps », lui permettre d'instruire la jeunesse. Cela prouve la piété de ces instructeurs des petits. Voici, d'ailleurs, quelques extraits qui montrent qu'on n'acceptait pas le premier venu pour diriger une école : Le Synode du Bas-Languedoc décide, « touchant M. Pierre, maistre d'escole », que les églises soient averties « de ne le recevoir pour sa mauvaise vie et conversation ». Le 4 septembre 1577, le Consistoire de Montdardier, « ayant entendu que M. Pierre Causse, maistre d'escole, venant audit lieu de Montdardier, n'a apourté attestatoire de sa vie passée, et d'autre costé qu'il est soussoné de quelque larcin faict à Gange, a arresté qu'il ne sera receu jusques à se qu'il en sera purgé et faict apparoitre qu'il n'est rien de ce qui est dict cy deseu. »

De plus, les instituteurs, dont les noms sont venus jusqu'à nous, ont, presque tous, dans l'histoire, l'un des qualificatifs suivants : « Homme de grande piété, bien instruit aux saintes lettres, craignant Dieu ; homme de grande érudition et piété, de bon esprit, docte et vertueux, etc. » (1). Ils étaient d'ailleurs obligés de faire une profession extérieure de protestantisme. Enfin et surtout, la mort héroïque de plusieurs d'entr'eux, les paroles de paix et de pardon, de joie et d'espérance qui s'échappent alors de leurs

(1) De Bèze : *Histoire ecclésiastique des Églises réformées de France*, t. I, p. 6, 15.
Crespin : *Histoire des martyrs*, t. I, p. 273, 305.
Haag : *ouv. cit.*, t. IX, p. 138.

bouches, prouvent jusqu'à la certitude qu'une piété intense animait ces modestes serviteurs de Dieu.

Les instituteurs protestants n'étaient pas seulement des hommes pieux, c'étaient aussi des hommes instruits. Nous avons déjà vu nos anciens historiens les appeler hommes « de grande érudition, doctes, savants en toutes langues, etc. » L'un d'eux, Catalon, maître d'école à Saint-Barthélemy-le-Meil, en Vivarais, composa une discipline des Églises réformées, présentée au Synode de Charenton (1644), examinée au Synode provincial de Montélimar qui en décida l'impression (1). L'enseignement de nos maîtres d'école était si apprécié que quelques provinces demandèrent aux synodes nationaux « qu'au lieu de leurs collèges, il leur fût permis d'employer les trois cents livres qui leur sont assignées en plusieurs petites écoles ». Les catholiques eux-mêmes reconnaissaient la valeur de l'enseignement donné dans les petites écoles, en lui donnant la préférence, comme dans la province du Brouage (2). Les Grands-Jours du Languedoc reprochent (1666-1667) aux maîtres d'école protestants de donner à leurs élèves une instruction supérieure. Les consuls de Tonneins, dans la séance du 10 février 1685, rendent aussi un excellent témoignage à l'école protestante de leur ville.

Ces faits prouvent surabondamment que les églises choisissaient des maîtres d'une probité reconnue, ayant la capacité requise pour pouvoir instruire les enfants.

(1) *Bulletin du protestantisme français*, t. XXXV, p. 276.
(2) *Id.*, t. XXXIII, p. 5.

Le maître choisi, avant d'entrer en exercice, devait se pourvoir auprès du Consistoire du lieu d'une lettre de régence. La Discipline ecclésiastique est formelle à cet égard : « Les régents de collèges et les maîtres d'école signeront la confession de foi et la discipline, et les villes et les églises n'en recevront aucun sans le consentement du Consistoire du lieu » (chap. II, art. 2). Pour qui connaît l'autorité de cette ancienne constitution de nos églises et surtout le scrupule des Consistoires, cet article est un sûr garant du caractère et des aptitudes des maîtres des petites écoles. Le Consistoire ne devait donner son approbation et agréer aucun maître qu'après un examen sérieux, quoique portant sur un programme élémentaire, ou du moins sur un certificat délivré par les pasteurs des lieux où le régent avait précédemment enseigné. Élie Benoît parle, en effet, de maîtres d'école pourvus d'une charge publique d'enseigner. Cela suppose nécessairement un mandat délivré par une autorité compétente. Nous n'en voyons pas d'autre que le Consistoire. Ce n'était pas un conseil académique; les attributions de ces conseils ne s'étendaient, d'après les règlements des universités que nous possédons, que sur les Facultés et les Collèges de leur ressort. D'ailleurs les petites écoles étaient en dehors de leur juridiction. Ce sont évidemment les Consistoires qui délivraient une sorte de brevet d'enseignement primaire, et ce brevet de capacité est en même temps un brevet d'honorabilité.

De quelle considération nos vieux régents étaient-ils entourés? L'opinion qui nous montre les maîtres des petites écoles généralement honorés a pour elle toutes les présomptions. Ils jouissaient d'une certaine instruction qui les élevait au-dessus du niveau intellectuel de leur entourage qu'ils avaient quelque peu initié aux connaissances humaines. Témoins obligés des principaux actes de la vie religieuse : mariages, sépultures, ils entraient par là même dans l'intimité des familles. Ils étaient en relations constantes avec le pasteur qui devait visiter assidûment l'école. Le régent cumulait quelquefois les fonctions de diacre ou des fonctions libérales avec celles de l'enseignement. Il était greffier ou procureur de la communauté, notaire quelquefois, et souvent il quittait son école pour se consacrer plus directement au service de l'Église. M. Merlet a très bien résumé ces faits : « Le maître était alors, avant tout, le mandataire des pères de famille et l'auxiliaire du ministre de la religion. Il apprenait à l'enfant les premiers éléments de la langue maternelle, formait ses lèvres à en reproduire les sons, ses doigts à en retracer les mots. Il mettait le fils du laboureur et de l'artisan en état de tenir lui-même la comptabilité de sa culture et de son commerce, il enseignait les préceptes de la grammaire et souvent les premières notions de l'histoire. Il était, après le pasteur, l'homme de la paroisse. »

Quels étaient les devoirs des maîtres d'école? Nous ne saurions mieux répondre à cette question qu'en transcrivant la plupart des articles du Règlement des petites écoles, lu et approuvé en grand Consistoire assemblé à Sainte-Marie-aux-Mines!

« Les maîtres d'école tiendront régulièrement école deux fois par jour, excepté le jeudy et le samedi, jours auxquels ils ne la tiendront qu'une fois, sans pouvoir y manquer sans permission du pasteur.

« Lorsqu'il y aura quelque faite dans la semaine, on tiendra deux écoles le jeudy.

« Chaque école sera de deux heures l'hyver, savoir depuis la Toussaint jusqu'à Pasques; elle commencera à huit heures pour le matin et finira à dix heures; le soir on y entrera à midi et on en sortira à trois heures. L'été, savoir depuis Pasques jusqu'à la Toussaint, on y entrera à sept heures pour le matin et on en sortira à neuf heures; le soir l'école commencera aussi à midi et finira à trois heures.

« Les maîtres d'école auront soin d'entretenir parmi leurs écoliers le bon ordre, la paix et la tranquillité; pour cet effet, il pourra châtier avec la verge seulement, sans que père ni mère puissent s'en formaliser, tout enfant qu'il apercevra manquer à son devoir, soit en badinant avec son voisin, soit en les interrompant, soit encore en ne faisant pas ce qui lui aura été prescrit.

« Les enfants qui, dans l'école ou hors de l'école, auront été surpris à jurer, se battre, manquer de respect à qui que ce soit, en seront châtiés à proportion de leur faute.

« Afin que le maître d'école soit d'autant mieux informé de la conduite des enfants qui lui auront été confiés, il choisira parmi eux un écolier sage et diligent qui observera les fautes de ses camarades et lui en fera le rapport.

« Le maitre fera commencer l'école aux heures susdites par l'invocation du nom de Dieu; pour cet effet, un des enfants récitera à genoux, les autres étant debout, une courte prière composée à ce sujet; ce qui étant fait, chaque enfant reprendra sa place : et le maître d'école leur prescrira à chacun une tâche selon leur portée, et il prendra garde tantôt à l'un tantôt à l'autre pour voir de quelle manière s'acquitte chacun de son devoir.

« La première heure de l'école sera employée à faire lire tous les écoliers et à faire épeler à ceux d'entre eux qui ne le sauront encore point; la demie heure suivante, à visiter les exemples de ceux qui apprennent à écrire; et le reste à faire répéter la section du catéchisme que le pasteur devra expliquer le dimanche suivant. Cela fait, on les fera prier Dieu, et on leur ordonnera de se retirer en bon ordre et à se montrer honnêtes et civils envers chacun.

« Le soir on fera la même chose que le matin, excepté qu'au lieu de répéter la section du catéchisme, on donnera à ceux qui savent lire un verset de Psaume ou de l'Écriture-Sainte à apprendre par cœur, qu'on leur fera réciter le lendemain à la même heure; et, s'ils savent écrire, on y ajoutera un exemple tiré de l'Écriture-Sainte ou quelqu'autre qui contiendra des maximes de sagesse.

« Deux fois par semaine on dictera à ceux qui sauront écrire quelque chose d'édifiant pris du Nouveau Testament, du catéchisme ou de quelque livre de piété; on leur corrigera ensuite ce qu'ils auront pour leur apprendre l'orthographe.

« La dernière école de la semaine sera emploïée à repasser ce qu'on aura fait et appris les jours précédens; on y fera un rolle de ceux qui auront été assidus à l'école pendant la semaine et qui s'y seront bien conduits, lequel rolle sera présenté au pasteur le dimanche matin.

« L'école se fera en langue française. »

Il nous reste à parler de la situation financière faite à nos anciens instituteurs. Toute proportion gardée, elle était à peu près celles de nos maîtres d'école actuels.

Les revenus des maîtres des petites écoles provenaient de trois sources :

La première était un traitement fixe payé par l'Église elle-même. En principe, il devait être de 100 à 120 livres pour les maîtres et de 80 à 100 livres pour les maîtresses; mais, en fait, elle variait beaucoup selon les lieux, tantôt fort au-dessus, tantôt fort au-dessous du chiffre légal (1). D'après M. Arnaud, au commencement du XVIIe siècle, les régents ordinaires recevaient environ 50 livres par an, puis, plus tard, 100 et même 200 livres. Les délibérations du Consistoire de Gap, trouvées aux archives de l'hospice de Gap, nous fournissent des renseignements très précieux à ce sujet. Dans l'année scolaire 1615-1616, les deux régents, Pierre Carbonier et Jean Vialis, ont pour gage (c'est le mot employé dans les mandats), 55 livres; l'année suivante, ils ont 127 livres. En 1621, Urbain Pariat reçoit 52 livres 10 sous par an. En 1626, Jean de la Rambaudière est instituteur; on lui promet 12 écus, sa nourriture et ce qu'il pourra tirer des enfants

(1) *Histoire du Dauphiné*, t. I, p. 194.
Délibérations du Consistoire de Gap, aux archives de l'hospice de Gap.

riches, ou autrement 24 écus et ce qu'il pourra tirer des enfants. En 1632, on donne 100 livres au maître d'école. En 1643, le maître d'école connaissait le latin; il devait avoir 210 livres. En 1644, on dédoubla le poste; le maître chargé d'apprendre le latin avait 180 livres. En 1663, les deux postes sont réunis, et le maître, un sieur Garnier, reçoit 240 livres par an. En 1669, le maître d'école ordinaire avait 200 livres; à la fin de la même année, un autre maître était en fonction et n'avait plus que 170 livres (1).

Une deuxième source de revenu pour les maîtres d'école, c'était l'écolage payé par les parents dont les enfants avaient atteint l'âge de six ans, qu'ils suivissent ou non l'école. « S'ils ne les envoient pas, disait le règlement, ils seront obligés de paier les maîtres d'école ni plus ni moins que s'ils envoiaient leurs enfans à l'école, et cette obligation commencera dès que leurs enfans auront atteint l'âge marqué ci-dessus, jusqu'à ce qu'aiant été examinés par le pasteur, ils auront été suffisamments instruits. » D'après M. Arnaud, cet écolage se montait à 10 ou 15 sous par mois et par enfant. Les délibérations du Consistoire de Gap portent que les pères donnaient, pour chaque enfant qui apprenait le latin, 15 sous par mois; pour chaque enfant qui apprenait à lire, à écrire et à calculer, 12 sous par mois, « et quant aux petits enfants qui apprendront à lire et à prier Dieu, ils ne paieront rien ».

Enfin, une troisième et dernière source de revenu, c'était le casuel, c'est-à-dire ce qui revenait au maître

(1) Délibérations du Consistoire de Gap.

d'école pour le service qu'il faisait au temple, soit comme lecteur, soit comme chantre, et quelquefois, mais très rarement, comme prédicateur. A Gap, l'instituteur fut assez souvent investi des fonctions de diacre, en sorte qu'il est assez difficile de savoir ce qu'on lui allouait pour chacune de ses fonctions. En 1627, Pierre Maillard remplace la Rambaudière; il est en même temps diacre et maître d'école aux gages de 18 écus par an, outre ce qu'il pourrait tirer des enfants riches. En 1635, Daniel Meysonnier perçoit, en qualité de diacre et de régent des écoles, 150 livres, outre une petite somme à prendre sur le septième donné par la ville. En 1643, la séparation s'étant faite entre les deux fonctions, le diacre eut un traitement de 60 livres pour lire les prières, garder le temple et visiter les malades. En 1663, les fonctions de diacre sont confondues avec celles de maître de latin. En 1664, les deux maîtres d'école de l'église de Gap sont chargés de remplir à tour de rôle l'office de diacre. En 1668, ces deux charges ne reposent plus sur la même tête. En 1669, l'église réunit de nouveau les deux fonctions, parce qu'elle ne peut, dit-elle, entretenir à la fois un maître d'école et un diacre. A partir de cette année, nous ne trouvons plus rien de particulier sur ce point dans les délibérations du Consistoire de Gap. En 1597, dit M. Arnaud, l'église du Pouzin donnait à son maître d'école, Falguet, 6 livres par an, pour faire les prières habituelles.

Grâce aux sources diverses de revenu que nous avons indiquées, la situation faite aux maîtres d'école dans la plupart de nos anciennes églises était très convenable; elle n'était guère inférieure à celle qu'on fait de nos jours à leurs successeurs. Ils recevaient moins assurément; mais, il y a deux cents ans, le prix des choses nécessaires à la vie étaient infiniment moins élevé qu'aujourd'hui.

CONCLUSION

Nous voilà arrivé à la fin de notre étude. Nous avons vu les protestants créer partout, dès les premiers jours de la Réforme, des écoles primaires, appelées d'abord « écoles buissonnières », puis « petites écoles ». Nous les avons vu lutter pendant deux siècles contre de sourdes et odieuses persécutions pour les conserver. Nous avons ensuite essayé de nous faire quelques idées de ce que furent ces écoles populaires, et, pour cela, nous avons successivement étudié la condition matérielle de ces écoles, leur entretien, leur programme, leurs maîtres.

Nous croyons que le protestantisme, s'il eût triomphé en France, s'il n'eût pas été traqué dans les guerres de religion avant d'être presque exterminé par la révocation de l'Édit de Nantes, nous aurait donné, ce que nous avons à peine obtenu aujourd'hui, après trois cents ans de luttes et d'efforts, une forte organisation de l'instruction primaire.

THÈSES

I

L'enseignement primaire est fils du protestantisme.

II

Avec la question religieuse, l'objet des plus sérieuses préoccupations des réformés fut toujours l'importante question de l'instruction de la jeunesse.

III

L'instruction primaire gratuite et obligatoire a été découverte par les protestants trois cents ans avant que ce principe ne fût inscrit dans notre loi française.

IV

La religion réformée ne peut se créer de bons et solides partisans qu'en faisant pénétrer l'instruction dans les masses, en effeuillant devant elles l'arbre de la superstition; elle vit de libre examen, que voulez-vous que les ignorants examinent?

V

Presque tous les protestants ignorent l'histoire du protestantisme. Ils la connaîtraient si les pasteurs la faisaient entrer dans leurs instructions religieuses du dimanche ou du jeudi.

VI

On ne doit pas se séparer d'une Église sous prétexte qu'elle n'est pas assez vivante; on doit rester dans son sein pour travailler à son réveil.

VII

Actuellement le pasteur n'est indépendant que s'il est rétribué par l'État.

VIII

La vraie solution de la question sociale, c'est la conversion des individus.

IX

La sainteté, telle que Jésus l'a manifestée aux hommes, est la seule fin de la créature morale.

Vu par le Président de la soutenance
Montauban, le 18 janvier 1892.
A. WABNITZ.

Vu par le Doyen :
JEAN MONOD.

Vu et permis d'imprimer :
Toulouse, le 20 janvier 1892.
POUR LE RECTEUR :
Le Doyen de la Faculté de droit, délégué,
J. PAGET.

TABLE DES MATIÈRES

www.ingramcontent.com/pod-product-compliance
Lightning Source LLC
LaVergne TN
LVHW011958160826
845678LV00002B/610

* 9 7 8 2 3 2 9 6 8 0 2 1 7 *